2020

Lydia Montigny

2020

... dans le Miroir de la Vie...

© 2019 Lydia Montigny

Éditeur : BoD-Books on Demand
12-14 rond-point des Champs-Élysées, 75008 Paris
Impression : Books on Demand, Norderstedt, Allemagne

ISBN : 978-2-3221-9151-2
Dépôt légal : Décembre 2019

Livres précédents (BoD)

* Dans le Vent (VII 2017)
* Ecrits en Amont (VIII 2017)
* Jeux de Mots (VIII 2017)
* Etoile de la Passion (VIII 2017)
* As de Cœur (XI 2017)
* Pensées Eparses et Parsemées (XI 2017)
* Le Sablier d'Or (XI 2017)
* Rêveries ou Vérités (I 2018)
* Couleurs de l'Infini (II 2018)
* Exquis Salmigondis (V 2018)
* Lettres Simples de l'être simple (VI 2018)
* A l'encre d'Or sur la Nuit (X 2018)
* A la Mer, à la Vie (XI 2018)
* Le Cœur en filigrane (XII 2018)
* Le Silence des Mots (III 2019)
* La Musique Mot à Mot (IV 2019)
* Les 5 éléments (V 2019)
* Univers et Poésies (VIII 2019)
* Les Petits Mots (X 2019)
* Au Jardin des Couleurs (XI 2019)

2020...

Je ne ferai qu'un vœu,
Un seul :

Je vous souhaite des rêves,

Se délectant du Présent,

Des instants follement,
Intensément,
Passionnément,
Tendrement,
Amoureusement,

Des émerveillements,

De la force dans vos espoirs

La volonté d'y croire,
Et de Toujours y croire,

Pour que tout devienne enfin réalité....

..
Lydia

J'AIME...

J'aime quand tu penses à moi
Dans cet instant subtil
D'oisiveté tranquille,
Tu crois entendre ma voix
Quelques rires parfois,
Et tu soupires déjà...

J'aime quand tu imagines
Mon adoration mutine,
Ton silence qui mime
La douceur de l'abîme,
La couleur de l'infime
Temps qui s'élimine...

.../...

…/…

J'aime quand tu penses encore
A ce sommeil sur mon corps,
Au bruit du satin sur nos rêves
Glissant dans le matin qui se lève...
Je ne suis qu'une pensée,
Libre dans tes pensées adorées...

Sur le cristal des jours

J'ai gravé ma peine,

Et dans l'éclat de ton rire

Elle s'est brisée...

TU FERMES LES YEUX

Tu fermes les yeux
Souriant, heureux,
Tu croises les doigts
Cet instant est à toi...

Mais où est passé ce monde ?
Disparu en une seconde
Vers d'autres rivages
Comme de doux mirages,
D'autres Univers
Où l'on marche à l'envers ?

Tu imagines des forêts
Poussant dans les cahiers
Et le chant des rivières
Coulant libre, dans l'air,
Et puis comme planète
Une boule à mille facettes !

.../...

…/…

Les miroirs se chiffonnent
Les visages s'étonnent
De voir que la beauté
Ne puisse se refléter…
Elle est unique en tout,
Et son double en est flou !...

Les cartes de ces jeux
Ont perdu leurs desseins
Et les dés du hasard
Sont des billes de billard,
Les pourquoi, les comment
Flottent dans le temps…

Tu fermes les yeux
Et tout disparait
L'instant est mystérieux…
Et si c'était vrai ?

Là où la Liberté

mérite

le respect,

l'Interdit

ne demande

qu'obéissance...

ERRANCE

Quelques mots errants
Egarés dans le mauvais temps
Imaginaient un plus que parfait
Que l'imparfait déjouait...
Ils se courbaient dans le vent
Ondulant fluctueusement
Au grè de l'encre marine
Coulant telle une ancre marine...

J'ai tenté maintes fois,
Mais était-ce de bon aloi,
De capturer tous ces mots
Pour parfaire mon tableau.
Mais en vain, quelle déveine !
Tout se tord, se déchaine,
A tort ou à raison, qu'ils viennent
Eclabousser cet art,
Ecrire sur le hasard !

…/…

Que dirait donc Mozart
Balzac ou Renoir
Picasso ou Ronsard
De ne plus rien savoir,

De ne pouvoir inventer
Des phrases désespérées
Ereintées, boursoufflées,
Prêtes à exploser
D'une éternelle beauté ?

Quelques mots errants
Ont chanté dans le temps
La vie à tous les temps
Et l'amour de l'instant…
Je leur laisse la liberté
L'errance, la subtilité
De venir te parler
Sans se faire attraper !...

J'ai découvert

qu'il y a un nouveau jour

dans la semaine....

Il s'appelle

DEMAIN !...

50 NUANCES DE GRIS

Il arrive...
Le ciel s'assombrit, furieux...
De camaïeux de bleus
En nuances de gris
Il attire la nuit...
La nature est immobile
Et le silence des oiseaux
Inquiète cet instant fragile,
Suspendant le tendre morceau
D'une mélodie avouée
Dans le gris bleuté...

Il arrive...
Il gronde et roule
Les nuages en boule.
Le ciel ronronne
Et ses éclairs étonnent
Transperçant l'air lourd
Telle une flèche d'amour...

.../...

…/…

Il arrive...
Tout en nuances
Que le vent balance
Chantant cet air
Entre les volets clairs,
Balayant cette pluie
Avec nos soucis...
J'imagine et souris :
Oui, l'orage est parti
Et je pose mes pieds nus
Dans l'herbe menue…

Il est parti… Je ris !
Dans ma main, un gri-gri
En nuances de gris
Comme une poésie…

J'ai demandé à la Terre
De tourner
Juste le temps
De te retrouver...

J'ai demandé au Temps
De ne pas tourner
Quand je t'aurai trouvé...

Et tu es là...

A Cris, mon « Grochien »…

J'ai rangé mon gros pull,
Mes chaussettes de laine,
Ma parka de toile marine
Si usée par les années
Qu'elle n'a même plus de poches…
Et puis cette grande écharpe
Où je cachais mon nez
Lors de fortes gelées
Ou bien de vents glacés…

J'aimais par tous les temps
T'emmener promener
Tu étais toujours prêt
A mettre, et seul, ton collier !
Le vent, le soleil, la pluie
Ne nous arrêtaient jamais
Et la neige… La neige…
Je ne te verrai plus
Enfouir ton museau dedans

…/…

…/…

Te rouler, t'ébrouer, courir et sauter
Et puis me regarder
Pour me faire rire encore !...

Je ne verrai plus
L'empreinte de tes grosses pattes
Et ces énormes boules
Que tu faisais rouler
Dans les champs enneigés…
Nous n'irons plus explorer
Les sentiers abandonnés,
Les rochers escarpés,
Les forêts aux sentiers
Sauvages où l'on s'attendait,
Ni les rivières de l'été…
Tu y jouais toute la journée
Nageant à contre-courant
Tu gagnais tout le temps !
Et puis tu allais pêcher
De gros galets tout ronds :
En mettant la tête dans l'eau
D'énormes bulles tu faisais !

…/…

.../...

Le jeu était partout...
Dès le mois de juin
Dans ces petits chemins
Tu grignotais les fraises des bois
Puis les cerises noires
Et les mûres cueillies tièdes
Dans le seau posé là !

Et puis pommes ou poires
Sauvages et parfumées...
Je ne te verrai plus
Poursuivre les tourterelles
Les rouges-queues moqueurs
Les chats voisins bagarreurs
Et ces insectes piqueurs
Dont tu nous protégeais

Tu aimais tant les fleurs
Le doux parfum des roses
Le goût des pâquerettes

.../...

…/…

Mais tu détestais
Les voix qui s'élevaient
Ces chiens ou ces gens qui criaient
Ils avaient ta réponse… grognée !
Tu aimais ces heures
Passées à te « coiffer»
Fier, savourant le calme de ce bonheur
A te faire dorloter…

Un jour, tu m'as trainée en douceur
Pour gravir la colline
Il fallait y arriver,
Il fallait respirer…
Tu avais tout compris…
Nous y sommes arrivés, merci…

J'ai tant de peine
Tant de mal à croire encore
Que je ne te verrai plus
Qu'on ne jouera plus

…/…

…/…

Qu'on ne s'arrêtera plus
Pour écouter le bruit du vent
Ou le chant des oiseaux
Les pas des animaux
Cette nature si simple, si pure…
Alors, on ne se regardera plus
Avec… tout ça dans le regard ?
Te voir pencher la tête
Aux mots qui te plaisaient ?...

Il faudra du temps et du temps
Pour calmer ma douleur
Mais mon cœur gardera
Intact tous ces beaux souvenirs…
On se retrouvera un jour
Et à nouveau, contre moi,
Je te serrerai fort…
Il parait que tu veilles
En silence sur moi
Et dans les nuits sans sommeil
Tes souvenirs sont là…

…/…

…/…

Seule, je marcherai encore, encore,
Dans un silence lourd et fort
Mais si tu me vois tomber,
Trébucher ou pleurer,
Dis-moi que tu viendras
Encore une fois
Comme ça,
Et peut-être que tu aboieras…

2

202

20202

2020202

02020

020

0

MIRAGE

Au clair de lune, je prends ma plume
Et une à une, les Stars s'allument
Dans ton regard, comme un miroir...
Ton désespoir fuit dans le soir.

Tu songes encore le cœur en peine
A ce remord... l'âme en peine...
Tu rêves le jour, et la nuit même
Dans ton sommeil, tu pleures quand même...
Pluie de soleil sur ton visage.
Suis l'arc en ciel et son sillage
Jusqu'aux couleurs de son rivage...
Au clair de lune... c'est ton mirage...

LA BEAUTE

Elle est née
Comme naît la vérité,
Au premier jour du monde,
Sublime, dans l'esquisse d'une seconde ..
Elle s'habille d'un rien
Le vent le sait si bien !
Un superflu malin
Serait d'une indécence sans fin...

Elle est partout
Autour de nous,
Dans l'œil regardant
Le reflet envoutant
De la pureté sensuelle,
Troublante, presque cruelle...

Elle se dévoile ici
Dans la grâce d'un mot
D'un silence trop beau
Que l'on murmure la nuit...

.../...

…/…

C'est une femme de plume
Ou une flamme de lune,
La surprise des regards
Se croisant par hasard
Et les sourires émus
S'excusant d'être nus.

Telle la promesse à un bonheur,
Elle apaise de sa splendeur ;
Son harmonie est aussi subtile
Que sa délicatesse est fragile,
Cet origami de cristal
Irise notre sensibilité fatale,
Et seul notre cœur sait
La garder pure pour l'éternité…

La beauté,
En toute simplicité… EST…

VISAGE

Qui connait ce visage ?
Tu le dévisages,
Tu cherches son âge
Parfois son métissage…

Tu aimes cette image
Comme un doux paysage
Et t'échoues sur le rivage
De ce rêve de passage…

Tu ignores son langage,
Sa vie, son héritage,
Tous ses vagabondages
Et peut-être davantage…

…/…

…/…

Sa peau de coloriages
Devient des écorchages,
Des risées se propagent
En de tristes présages

Connais-tu ce visage
Son regard, son message,
En lisant cette page
Dans l'encre de son tatouage ?

ABSENCE

Ne sois pas triste
Même si je suis loin de toi
Même si tu ne me vois pas
Il y a toujours au fond de ton cœur
Le chuchotement d'un bonheur
Une musique ou un soupir
Qui colore nos souvenirs…
Nous sommes impuissants devant le destin
Mais imagine qu'un matin…
Ne sois pas triste
Illumine ce jour encore d'un sourire
Un sourire pour me faire rire
Un sourire que je garderai en souvenir
Pour ne jamais en guérir…

J'aimerais être ce bruit au milieu de ton corps,

Ce battement calme de ton cœur…

J'aimerais être le bruit de ton bonheur

Que tu retiens comme un trésor…

PAS FINI

Je n'ai pas fini
De croire aux sentiers délaissés
Ceux où j'ai laissé
Mon cœur se fêler, se briser,
Et puis de casser...
Je viens le ramasser
Le défroisser, le recoller,
Pour te le confier
Et te savoir le protéger...

Je n'ai pas fini
De compter l'or
Du soleil qui fuit et dort
En cachette jusqu'à l'aurore...
Je serai le diamant sur ton corps
Qui brillera comme un trésor...
Tu es mon île, ma vie, mon sort...

.../...

…/…

Je n'ai pas fini
D'inventer un alphabet
Pour que les mots ainsi composés
Ne puissent jamais s'effacer…
Je n'ai pas fini de graver
Ma vie près de ta vie…
Je n'ai pas fini de t'aimer…

GRAND CANYON

Qui a sculpté
Taillé, dessiné
Ces formes géantes
Douces et rougissantes
Dans ce désert
De sable et de pierres ?

Au milieu de ces géants
Silencieux et élégants,
Je suis venue craintive,
Charmée, oisive...

J'ai marché doucement
Même humblement
Ne voulant déranger
Ces secrets si secrets.

…/…

…/…

Mes yeux se sont posés
Sur chaque rocher
Si fort pour ne pas oublier
Que l'on peut se relever

Car rien n'est impossible
Tout est possible.
Comme cette force immense
Anéanti mes défenses…

Au cœur de ces rochers
Mon cœur est apaisé,
Et des perles mouillées
Sur mes joues ont roulé.

J'emporte en souvenir
Le vent d'un sourire
Quelques photos volées
Pour ne pas oublier…

UN POINT

Quel plaisir de te connaître à ce point...

Quel point ?

Au point d'avoir plaisir à croire qu'au moment où je m'apprêtais à écrire cette phrase, elle était déjà lue dans tes yeux...

... Et elle te fait sourire...

LA VINGTIEME PAGE

La page se tournait. Mais non, c'était lui, Danny, qui tournait la feuille de papier jaune avec ses lignes bleu ciel et, une fois tournée et de nouveau à plat, il écrivit en haut à droite ne numéro vingt qu'il encercla, et sourit. Vingt pages qu'il avait sorties traitant en long et en large de Jeanne d'Arc, la pucelle d'Orléans, une héroïne – si ce n'est pas le plus grand héros de l'histoire de France – chef de guerre et Sainte de l'Eglise catholique, la fille d'Isabelle Rommée et Jacques d'Arc, et pour le Pape Pie III « l'admirable, la stupéfiante Vierge ». Aujourd'hui, c'est une femme d'une grande renommée mais elle le fut aussi à son époque. Certaines femmes sont allées même jusqu'à se présenter comme étant Jeanne d'Arc. Elles proclamèrent avoir échappé aux flammes mais leur imposture fut vite dépistée pour la majorité des cas, car Jeanne des Armoises et Jeanne de Sermaises avaient réussi à faire croire que réellement elles étaient Jeanne d'Arc.

.../...

…/…

Pour la vraie Jeanne ou Jeannette, on ne sait pas exactement son âge, calculé par la supposition qu'elle soit venue au monde vers 1412 à Domrémy en Lorraine et qu'elle mourut le 30 Mai 1431 brûlée à Rouen, capitale du duché de Normandie alors possession du royaume d'Angleterre.

Dans son analyse qui allait bientôt faire vingt pages – celle-là serait la dernière – Danny avait noté toutes les interprétations de Jeanne : patriotiques, nationalistes, socialiste, humanistes, féministes et encore capitalistes car l'image de Jeanne est « une valeur sûre » dans le domaine de la pub. On la voit sur son cheval blanc, en armure, tenant son étendard brodé. Pure et sans tache, son image se trouve sur des produits qui nettoient comme un savon de Marseille, un détachant «sans auréole», ou bien un fromage de Champagne.

…/…

…/…

En ce moment, il aurait bien mangé un bout de fromage sur un morceau de baguette. Il avait faim. L'examen avait commencé à 10 heures et devait finir à 13 heures. Bien sûr, on pouvait quitter la salle avant, mais ce n'est pas bien vu des profs de partir trop tôt. Et puis, c'était un sujet qu'il aimait. Il avait choisi la question sur Jeanne d'Arc plutôt que l'autre sur la Renaissance : une nouvelle façon de penser, une nouvelle vision du monde. Et puis la troisième, certainement choisie par Adrian Poole, l'autre prof d'histoire est un royaliste fanatique : « Le Siècle de Louis XIV ». Ce n'était vraiment pas une question mais plutôt une invitation à redire tout ce que Poole leur avait raconté sur le génie de Louis XIV.

Son regard fit un panoramique des étudiants dans la salle devant lui. Assis à la sixième sur sept rangées de chaises, il voyait presque tout le monde. Ils étaient 28 à passer l'examen

…/…

…/…

d'histoire – une matière obligatoire pour leur deuxième année. Elaine, une grande étudiante aux courts cheveux frisés le regardait et elle attrapa son regard et lui fit son petit sourire « à la souris » qui lui faisait retrousser le nez. Danny lui envoya une silencieuse expression rieuse imaginant son accent de Birmingham. Dans le coin en première ligne, il voyait Keith. C'était atypique de le voir devant, mais il était arrivé en retard et avait dû prendre un siège devant pour ne pas déranger ceux qui avaient déjà entamé l'épreuve. Keith était plus âgé que la plupart des étudiants, ayant laissé tomber ses études pendant trois ans lorsqu'il habitait dans un squat près de la gare de Kings Cross à Londres. C'était un groupe d'anarchistes et Keith en faisait partie comme un skinhead rouge opposé au capitalisme et antifasciste. Danny avait beaucoup d'admiration pour Keith qui ne mâchait pas ses mots et parlait avec le cœur sur les lèvres, assistant aux piquets de grève dans l'industrie automobile ou des

…/…

.../...

mineurs qui s'opposaient à la fermeture de leurs puits. Le plus remarquable était son soutien intransigeant pour l'Armée Républicaine Irlandaise.

Le regard panoramique de Danny telle une caméra, accolait les destinées de ses camarades de cours. Ils étaient en plein mois de juin. L'année universitaire 78-79 se terminait en Angleterre, mais tous ces jeunes anglais allaient partir en automne pour peut-être la plus grande aventure de leur vie : passer un an en France. Tous allaient dans différents établissements de Rennes à Nice et de Lille à Bordeaux. Et donc, la partie normale, la partie typique, la partie tout à fait essentielle et caractéristique de leur vie et de leur identité allait devenir exotique, particulière, étrange ou curieuse, car ces jeunes tous dans la vingtaine allaient être entourés d'un monde nouveau et sujet au

.../...

…/…

regard des Français qui eux, s'attendraient à ce qu'ils prennent leur thé tous les jours à quatre heures de l'après-midi, qu'ils s'alimentent de fish and chips dans du papier journal et boivent des lacs de bière tous les samedis soirs, tout en tenant à leur sacré fair-play British.

Pour eux tous, le monde allait basculer, ils reviendraient transformés de leur année outre-manche, tous un petit peu plus français, quelques-uns devenus entièrement francophile allant jusqu'à dédicacer leur vie à leur propre francisation. Mais pour l'instant, il fallait finir la vingtième page. Jeanne d'Arc fut une femme qui porta des armes avec force et honneur comme le témoigna Jean d'Orléans, un de ses compagnons d'armes au siège d'Orléans. Pour lui, elle était douée d'un bon sens et un chef indéniablement charismatique. En tout cas, Jeanne va sur tous les terrains, une sainte aimée des catholiques et la première patriote pour le monde

…/…

.../...

séculaire. Elle a défendu le sol de France, mais de plus, elle en est morte devint donc un de ces vaincus qui baignent tout de même dans la gloire comme Vercingétorix ou Napoléon. Parfois, la défaite valorise le personnage qui a tenu jusqu'au bout à ses principes. Quoi de plus fair-play, dernière phrase et point à la ligne.

Danny ramassa ses crayons et son stylo. Il prit ses vingt pages et les porta à la surveillante. Anna une étudiante allemande en quatrième année qui faisait le job de surveillant pour compléter sa bourses d'études. Elle le regardait par-dessus ses lunettes de lecture. Elle sourit en disant : « viel Glück in Frankreich ».

LA SIESTE

Le jour devient lourd,
Les bruits de plus en plus sourds,
La lumière se fait tendre,
L'air semble se détendre...

Comme il est difficile
De ralentir le temps !
La réalité oscille
Entre le sens du vent
Et les vagues de l'océan...

Penser devient un effort
Un mal tors, à tort,
Un esclavage indolore
Qui s'éteint sans éclore.
L'oisiveté est le trésor
Anéantissant mon corps.

.../...

…/…

Que faire, sinon rien ?
Ce délice, ô combien aérien,
Flâne par mots et mollesse
Irisé de délicatesse…
Le murmure de l'indolence
Excuse mon absence…

Je m'endors en souriant
Heureuse de cet instant,
Et dans ton rêve, m'éveille…
Je vis dans ton sommeil…

Un oiseau a traversé le temps,

les montagnes, les plaines,

les rivières et les mers,

il est venu de ton livre

pour se poser sur la feuille

où je t'écris…

Il a déchiré mon rêve
Comme on déchire une feuille,
A jeté mon histoire
Comme la houle sur la grève,
Il a piétiné mes lettres
Comme une feuille de « soi »,
A déchiré ma page
Comme on arrache un bras…
… Et il a ri,
D'un rire mat et froid,
Le regard plein de colère
Le cœur vide d'émoi…
Il a pleuré…

Il ne savait pas lire….

MULTICOLORE

J'écris en gris
Le nom d'une souris
En gris-gris gris
Sur le totem surpris

J'écris en bleu
Des vœux dans les cieux
Des paradis délicieux
Des adieux dangereux

J'écris en vert
Les lettres de l'Univers,
Au parfum extraordinaire
De menthe et de vétyver

.../...

…/…

J'écris en jaune
Les silhouettes de la faune
Que la jungle sauvageonne
Jamais n'abandonne

J'écris en blanc
Les heures sur le cadran
Mes rêves doux et troublants
Le chant des sirènes sur l'océan

J'écris encore
Sur l'arc en ciel tout en or
Sur la carte au trésor
De ton cœur où je dors…

Rien de tel que l'immobilité de l'ennui
Pour entendre le silence voler
Entre son âme et ce monde parfait…

Rien de tel que la Vie de la Vie
Pour comprendre les silences et les bruits
Dans ton regard qui me suit…

ENCHAINE-MOI...

Enchaîne-moi
A tes pas qui viennent
Doucement dans ma vie,
A tes mains qui retiennent
Cet instant dans la nuit,
Sans un mot, dans un cri,
Dans ta douceur inouïe

Entraine-moi
Où la mer n'a plus de sel
Où les anges donnent leurs ailes
Où le ciel n'existe pas
Où ton ombre se colle à moi

Enchaîne-moi
A ton cœur, à ton corps,
Déchaîne-moi
A la vie, à la mort,
Alors nous saurons ce que la liberté
A de sacré...

PAIX...

Dans la Paix
Il n'y a plus de souffrance
De pensée offensante,
La peur a disparu,
Le temps ne compte plus...

La quiétude est là
Docile et ronde aria,
Horloges et clochers
Se sont arrêtés
Laissant l'éternité
Devenir un été ;
Dans cet air presque chaud
Le vol des oiseaux
Suivra les arcs-en-ciel
Au pays des merveilles.

                                              ...∕...

…/…

La violence ne sera guère
Qu'une erreur d'hier
Et dire qu'on fait la guerre
Pour cette Paix exemplaire...

Dans la Paix
Renait la liberté
Comme un tendre bouquet
D'étoiles et de sérénité.
La beauté de son âme
Sourira dans le calme
La Paix sera un jour
Notre ciel de Toujours...

LA DOULEUR

La douleur n'oublie rien
Du chemin qui est sien,
Elle rampe à tes pieds
Comme une ombre d'acier…
Elle mord sans répit
En torture inassouvie
M'évanouissant encore
De ses éclairs dans le corps…

Elle ricane sans cesse
Mais j'ai fait la promesse
De ne pas lui céder
Ni de loin, ni de près,
Et regarde droit devant,
Toujours face au vent…

La douleur en silence ?...
Quelle belle insolence !
Je resterai debout
Sans plier les genoux,
N'essuierai même pas
Les larmes brûlant là
Car c'est dans le sourire
Qu'elles viendront mourir…

ECRIS-MOI

Écris-moi
A l'endroit
A l'envers
De travers

Écris-moi
Sur le bois
Sur la pierre
Sur la mer

Écris-moi
Promptement
Lentement
Tendrement

.../...

…/…

Écris-moi
De n'importe où
D'ailleurs
De nulle part

Écris-moi
Du bout de tes doigts
Je te lirai avec mon cœur…

La mer efface

Chaque fois nos traces

Gardant dans son bleu éternel

Cette vie temporelle...

AIR DU TEMPS…

Je ne crains pas la nuit
Ni ses ombres, ni ses bruits,
Ni la tempête et ses vents,
Jouets de l'ouragan,
Mais je crains ta colère…

Je ne crains pas la pluie
Ni la mer révoltée
Explosant sur les rochers,
Ni les torrents déchaînés
Mais les larmes me font si mal…

Je ne crains pas la solitude
Je connais ta quiétude,
Et les mots qu'il te faut,
Même si le silence en dit trop,
Mais je hais ton absence…

…/…

.../...

Je ne sais que donner,
Douceur, bonheur, sans compter,
Dans mon implacable vérité,
Pourvu que tu sois heureux
Vis pour la vie et fais un Vœu
Le mien importe peu

LE CHARME ?... TOUT UN ART...

C'est un geste discret,
Le regard appuyé,
Anonyme mais ciblé,
Réservé mais osé...
C'est un mouvement
Simplement élégant,
C'est ce pas rassurant...
Tout devient fascinant...

Si le charme fait croire
A ce pur ravissement,
Je serai la subtile histoire
Sous ton charme désarmant,
Et les armes, je dépose
Tels des pétales de rose,
Succombant en résistant
A la force d'un oui, enivrant...
Prisonnière de ton charme envoutant
La vie est un enchantement...

Dans les heures rondes

De cette attente lente,

L'inaction invente

D'immobiles secondes...

AME DE SLAM

Sur le slam de la nuit
Tu écris cet adage
Un troublant paysage
Où le temps fait naufrage.

Sur le slam de l'ennui
Tu gribouilles une page
Une sorte de cage
Sans barreau et sans âge.

Sur le slam de minuit
Le temps râle et rage
Il lui reste en otage
Ton rêve le plus sage.

.../...

…/…

Sur le slam de la vie
C'est le slow de la vie
C'est le slow du mirage
Qui tatoue son passage
Sur ton âme sauvage…

Paroles de slam… à ton image…

Tant que tu construiras ces gigantesques châteaux de carte

qu'un simple battement d'ailes de papillon réduirait à néant...

Je resterai la dernière carte à ne jama s vouloir tomber

pour ne pas te voir pleurer...

COMME UN MIROIR

J'aimerais être là, devant toi,
Te regarder en silence, comme ça,
Poser la paume de ma main
Contre la paume de la tienne...
Je répondrais à ton regard interrogateur,
A ce petit clin d'œil... ravageur,
Et à ce sourire jamais moqueur...
Je reflèterais ton bonheur...

Un matin tu te surprendrais
Dès que le soleil serait levé,
A chanter et danser
Sur ces chansons oubliées,
Ou encore à bien prononcer
Un discours appliqué...
Peut-être un jour de mélancolie
Tu essuieras doucement sans bruit
Ce visage qui est le tien,
Ce visage qui est le mien...

                                                               .../...

…/…

Qui t'entend et te voit ?
Il n'y a que moi…
Je suis ton double et ton toi-même,
Indivisible de l'invisible,
Sensible et irrésistible…
Il paraît que le reflet même
De notre vie y est visible,
Et parfois perceptible…

La Vie

est comme un miroir,

On ne voit jamais son dos

Face à un miroir…

Pourtant, il existe…

J'AI REVE DEMAIN...

J'ai fait un rêve aberrant
D'une pure naïveté,
D'une vraie simplicité
Troublant, transparent

Un rêve où je grimpais
A la cime des arbres
D'une immense forêt
Avec pour seule arme
Le chant d'une tribu
De chasseurs de lumière...

J'ai bu dans la rivière
Et m'y suis baignée nue
Sans aucune frontière
Entre peur et confiance,
Instinct et chance...

         .../...

…/…

J'ai rêvé d'animaux
Calmes et bienveillants
Partageant terres et eaux
Avec les hommes, humblement

J'ai rêvé d'être prisonnière
D'une vie verte, d'une vie pure,
D'un ciel jamais obscur,
D'un air léger, fruité,
Bleu de limpidité
Comme la promesse d'un lendemain
Celle que tu as entre tes mains…

L'HUMILITÉ

Ce n'est pas un Art
Ecrit quelque part,
Ni une raison d'être
Qu'on peut se permettre...

Elle s'approche un jour,
S'apprivoise comme l'amour,
Se nourrit de la Vie,
Des bonheurs, des ennuis,
Et c'est en grandissant
Qu'elle s'encre doucement
Dans l'esprit, dans le sang,
Nous enseignant le présent,
Ce qu'il nous reste à apprendre,
Le chemin qu'il faut prendre,
Celui à parcourir, plus loin...

.../...

.../...

Elle est dans ta main
Au milieu de ce monde
Des hommes, des ondes,
Des cieux, de l'Univers,
Minuscule lumière,
Elle propage sa modestie
Dans cette Vie...

J'ai entendu

le murmure du Futur

... c'était Hier...